고려말 충신
예순 두 분이여

• 새하날 글모음 다섯 번째 •

고려말 충신
예순 두 분이여

中觀 崔權興 지음

책머리에

  선생님의 시조를 모아서 책으로 엮어 드린다.
  선생님의 시조집으로는 다섯 번째 시조집이다. 선생님께서는 일주일에 한 번씩 유도회에서 한가락시조모임 회원들을 위하여 경전은 물론이고, 우리의 역사 중에서 아직 강독이 되지 않은 글들을 찾아 강독하여 주신다. 그리고 한 달에 한 번씩 선현들의 유적을 찾아가신다. 이 모든 자료를 선생님께서 직접 마련하신다. 물론 한가락 시조모임 회원들과 함께 역사탐방에 나서는 것이다. 그리고 역사의 현장에서 공부하고, 보고, 느낀 것을 시조로 남겨 두신다. 시조는 우리의 정서에 알맞고, 우리의 정서에 알맞기에 그 생명력을 오래 유지할 수 있다는 믿음이 있기 때문이다.
  이러한 활동들은, 사람은 역사 속에서 무엇을 배워야 하며, 무엇을 남겨야 할 것인가를 몸소 우리에게 가르쳐 주시는 것이다. 그리고 우리가 이 역사의 현장에서 어떻게 살아야 할 것인가를 깨우치게 하기 위하여 우리 선현들의 생활 현장을 찾아가 보고 공부하도록 하시는 것이다. 그 현장들이 바로 예순 두 곳인 것이다. 예순 두 곳의 예순 두 분!

지난 몇 해 동안, 선생님께서는 고려말의 절의를 지켰던 망복지신(罔僕之臣)들을 찾으셨으며, 그 때에 지으신 시조들을 모아서 책으로 엮으시는 것이다. 높은 벼슬과 많은 재물이 있고, 찬란한 이름이 있는 사람들보다는 오직 올곧은 사람들만을 찾는 것은, 선생님의 의지라고 여겨진다. 그런 면에서 선생님의 시조는 의지적이고, 지향적이다.

이 시조집의 글들을 통하여 선생님의 알찬 마음이 잘 전달되고 감화되기를 바란다. 선생님께서는 지금의 예순 두 분을 찾으셨지만, 먼 훗날에는 선생님 자신이, 또 다른 어떤 사람이 찾는 예순 두 분중의 한 분이 아니실까하는 생각을 하면서, 선생님의 시조집 출간에 몇 글자를 적어서 깨달음 없는 제자의 마음을 대신한다.

오래도록 선생님이 건강하시기를 기원하면서…….

4334. 4. 29
한가락모임 회장 벽고 장 대 열

벼 리

- 책머리에

경기도편

1. 구성정(駒城亭)에서 • 10
2. 남곡재(南谷齋)에서 • 12
3. 모선재(慕先齋)에서 • 14
4. 모선재(慕先齋)에서 • 16
5. 모송정(慕松亭)에서 • 18
6. 무안재(務安齋)에서 • 20
7. 상촌정(桑村亭)에서 • 22
8. 송헌공묘(松軒公墓)에서 • 24
9. 숭모정(崇慕亭)에서 • 26
10. 여와공묘(麗窩公墓)에서 • 28
11. 의덕사(懿德祠)에서 • 30

충청도 • 강원도편

1. 경모정(敬慕亭)에서 • 34
2. 경충정(景忠亭)에서 • 36
3. 기곡정(岐谷亭)에서 • 38
4. 망모정(望慕亭)에서 • 40
5. 묵정정(墨井亭)에서 • 42
6. 부양정(扶陽亭)에서 • 44
7. 상산정(常山亭)에서 • 46
8. 송오공묘(松塢公墓)에서 • 48
9. 어은정(漁隱亭)에서 • 50
10. 오류정(五柳亭)에서 • 52
11. 취원정(聚遠亭)에서 • 54

경상도편

1. 개운정(開雲亭)에서 • 58
2. 건계정(建溪亭)에서 • 60
3. 경모정(景慕亭)에서 • 62
4. 경의정(景義亭)에서 • 64
5. 대홍군묘(大興君墓)에서 • 66
6. 도연서원(道淵書院)에서 • 68
7. 모선정(慕先亭)에서 • 70
8. 무우정(舞雩亭)에서 • 72

9. 백송정(白松亭)에서 • 74
10. 산천재(山泉齋)에서 • 76
11. 성인정(成仁亭)에서 • 78
12. 수일정(隨日亭)에서 • 80
13. 숭의재(崇義齋)에서 • 82
14. 영모정(永慕亭)에서 • 84
15. 직산재(直山齋)에서 • 86
16. 첨모재(瞻慕齋)에서 • 88
17. 청금정(淸襟亭)에서 • 90
18. 퇴은정(退隱亭)에서 • 92
19. 학음정(鶴陰亭)에서 • 94
20. 화암서원(華巖書院)에서 • 96
21. 효사정(孝思亭)에서 • 98

전라도편

1. 겸천서원(謙川書院)에서 • 102
2. 계경정(繼敬亭)에서 • 104
3. 금남재(錦南齋)에서 • 106
4. 미남재(嵋南齋)에서 • 108
5. 삼송정(三松亭)에서 • 110
6. 송월사(松月祠)에서 • 112
7. 숭덕정(崇德亭)에서 • 114
8. 숭의정(崇義亭)에서 • 116
9. 시사정(時思亭)에서 • 118
10. 여일정(麗日亭)에서 • 120
11. 영모정(永慕亭)에서 • 122
12. 영모정(永慕亭)에서 • 124
13. 용호정(龍湖亭)에서 • 126
14. 월현사(月峴祠)에서 • 128
15. 일신정(日新亭)에서 • 130
16. 정모정(靖慕亭)에서 • 132
17. 청지정(聽之亭)에서 • 134
18. 풍욕정(風浴亭)에서 • 136
19. 향보재(享保齋)에서 • 138

• 고려와 중관 선생님 / 142
• 축시 · 축필 · 축화 / 144
• 작품지어진 차례 / 153

경기도편

1. 구성정(駒城亭)에서 • 10
2. 남곡재(南谷齋)에서 • 12
3. 모선재(慕先齋)에서 • 14
4. 모선재((慕先齋)에서 • 16
5. 모송정(慕松亭)에서 • 18
6. 무안재(務安齋)에서 • 20
7. 상촌정(桑村亭)에서 • 22
8. 송헌공묘(松軒公墓)에서 • 24
9. 숭모정(崇慕亭)에서 • 26
10. 여와공묘(麗窩公墓)에서 • 28
11. 의덕사(懿德祠)에서 • 30

1. 구성정(駒城亭)에서

망아지 키우는 골
터잡은 뜻이어니

나무섶 쌓았다가
제대로 아니되어

더 높고 크고도 세게
달려가는 꿈이다

▶ 구성정(駒城亭) - 경기도 용인시 기흥읍 영덕리
▶ 4329년 8월 18일(일요일) 맑음

고려말 충신 이중인(李中仁) 진초(秦楚)공을 추모하는 곳이다.
공은 송경 일청재에서 태어났는데 이웃사람들이 꿈에 해가 그 집에 걸려있는 것을 보았다고 한다. 형부전서 이백겸이 말하기를 공의 가슴속엔 진초의 강함이 숨어있음직하다 하였으니 그로부터 사람들이 그것을 호로 불렀다 한다. 충정왕 때 삼중대광 삼한벽상공신문하우시중 팔도평의사 겸 판병조사 영경령전사 구성부원군으로 추봉되었는데 공은 본시 학문을 좋아해 경서에 통하여 일대의 종장으로 문하에 목은 포은이 있었고, 임신변역을 당해 성거산으로 들어가 팔판과 더불어 나무를 쌓아놓고 불질러 타 죽으려 했으나 자손들이 알고 말려 뜻대로 하지 못하고 제각기 흩어져 숨었는데 공은 구성땅으로 와 뒷날을 생각하며 아들 손자에 유훈을 남겨 3대 충효를 이루었다.

2. 남곡재(南谷齋)에서

망나니 어찌하랴
뒤돌아 떠나온 길

물 좋고 바람 맑아
신들메 풀어놓고

그리움 잊으려는데
어디 그리 쉬운가

▶ 남곡재(南谷齋) - 경기 용인시 양지면 주북리
▶ 4332년 8월 22일(일요일) 맑음

고려말 충신 이석지(李釋之) 남곡(南谷)공을 추모하는 곳이다.
공은 경상도 안렴사를 거쳐 판도판서 보문각 대제학에 이르렀으나 고려말에 당하여 국정이 어지러워지니 벼슬을 내던지고 용인 별서(別墅)에 내려와 남곡이라 호하며 지내다가 임신변역에 통곡을 하고 세상사람들을 만나지 않고 살았는데 신조에서 여러 번 불렀으나 절개를 굽히지 않았고 아들에게 훈계하여 부귀를 탐하지 말도록 했다.

3. 모선재(慕先齋)에서

내던진 고을살이
앞장서 보임이요

그리움 복받치면
치닫는 뫼마루라

목놓아 퍼붓고나니
한여름밤 소나기

▶ 모선재(慕先齋) - 경기도 파주시 월롱면 능산리
▶ 4333년 7월 2일(일요일) 맑음

고려말 충신 김윤남(金允南) 감무(監務)공을 추모하는 곳이다.
공은 벼슬이 낭천감무에 이르렀을 때 나라일이 그릇되어가는 것을 보고 남 먼저 모든 것을 버리고 장포로 숨어들었다. 임신변역에 세상과 인연을 끊고 살며 삭망에는 뒷산에 올라 송도를 바라보고 통곡 재배하니 사람들이 그 봉우리를 국사봉이라 불렀다. 아우 양남(揚南) 일로(逸老)공도 형을 따라 절의를 지켰다.

4. 모선재(慕先齋)에서

우리 셋 돌아오니
서러움 복받친다

밤이면 피리로써
서로를 달래면서

담쌓고 숨어사는 뜻
아이들에 보이리

▶ 모선재(慕先齋) - 경기도 의정부시 낙양동
▶ 4333년 12월 3일(일요일) 맑음

고려말 충신 원선(元宣) 양촌(陽村)공을 추모하는 곳이다.
공은 벼슬이 판삼사좌윤에 이르렀으나 나라의 운이 다하는 것을 보고 새 조정에는 협력할 뜻이 없어 구송은(具松隱)공과 더불어 두문동에 들었다가 새 조정에서 여러 번 부름에도 응하지 않고 다시 양주 송산으로 숨었으니, 그곳엔 조송산(趙松山)공과 정설학재(鄭雪壑齋)공도 같이 숨어들어 밤이면 피리로써 또는 거문고로 분함과 슬픔을 달래며 같이들 울기도 했다. 그래서 마을 이름을 삼귀(三歸)라고도 한다. 공은 위로 두 형님이 있었는데 신조에 벼슬을 살고 있어 가끔 찾아오면 형을 피하고 만나주지 않았으며, 유언으로 비를 세우지 말라하고 아들들에게 과거에 나가지 말라 일렀는데 작은 아들이 유계를 어기고 벼슬에 나갔다가 아버지 묘에 성묘하다 졸사했다고 한다.

5. 모송정(慕松亭)에서

소나무 푸르른 뜻
예 숨어 가꾸련다

세 번씩 찾아오나
오히려 웃음으로

몇 온 해 지날수록에
싱싱함은 더하리

▶ 모송정(慕松亭) - 경기도 남양주군 진건면 용정1리
▶ 4328년 8월 20일(일요일) 맑음

고려말 충신 최청(崔淸) 송은(松隱)공을 추모하는 곳이다. 공은 어려서부터 남달라 이익제 문하에서 공부하며 문과하여 여러 벼슬을 거쳐 정당문학에 이르렀고 신주감무로 갔다가 여흥왕 1년에 검교시중으로 불려 올라오니 32세때였다. 명나라에도 다녀오고 자금어대도 받았는데 때에 국정을 농간하는 무리들을 못마땅히 여기고 물러났다가 임신변역을 보고 두문동에 들어가 그 뜻을 말하기를 멀리 산야에 숨어 나오지 않기를 맹세하니 '나무꾼이나 밭가는 자 뉘 알아보리'하고 양주 풍양으로 숨어드니 신조에서 좌찬성으로 여러번 불렀으나 끝내 나오지 않으니 신왕이 친히 세 번이나 방문했어도 굴하지 않았다. 그러니 그 산을 어래산(御來山), 그 문을 관가정(觀稼亭)이라하고 돌아갔다. 그러자 '내 어찌 이곳에 살 수 있으리요'하고 조송산(趙松山)을 찾아가 송은(松隱)이라 호를 하여 송악을 잊을 수 없다는 뜻을 나타내며 같이 의지하고 살았다.

6. 무안재(務安齋)에서

소나무 이름으로
마음을 다지고서

몇 마디 뜻을 말해
타는 속 달래보고

나머지 못다한 것은
아이들에 넘긴다

▶ 무안재(務安齋) - 경기도 양주군 회천읍 옥정리
▶ 4332년 5월 2일(일요일) 맑음

고려말 충신 유천(兪蕆) 송은(松隱)공을 추모하는 곳이다.
공은 벼슬이 예의판서에까지 올랐으나 나라가 기울어가는 것을 보고 어찌할 수가 없어 탄식만하다가 임신변역을 당해 망국의 신하로 자처하고 3일을 울다가 부조현을 넘어 만수산에 들었다가 다시 금천(金川)땅으로 숨어들어 호를 송은(松隱)이라 하며 매양 앉을 때에는 송악을 향해 앉았었다. 신조에서 여러번 불렀으나 굳게 절개를 지켜 나가지 않았고 귀산사(歸山詞) 10운을 남겼고 일찍이 벼슬을 구하려고 금덩어리를 가지고 온 사람에게 이 금덩어리와 하늘과 땅과 자네와 내 다섯이 알고 있다는 말을 남겨 이름이 났다. 아들들도 유언을 따라 벼슬에 나가지 않았다.

7. 상촌정(桑村亭)에서

뽕나무 키우시던
어머니 생각하며

이름도 고쳤으니
깨끗이 지키는 뜻

아들에 얼러주어서
심어보는 이 언덕

▶ 상촌정(桑村亭) - 경기도 광주군 오포면 신현리
▶ 4329년 9월 8일(일요일) 맑음

고려말 충신 김자수(金自粹) 상촌(桑村)공을 추모하는 곳이다.
공은 일찍이 아버지를 여의고 어머니의 가르침으로 자라나 성균관에 생원으로 들어갔으나 어머니의 병환으로 고향에 돌아와 눈속에서 대순을 구하고, 얼음속에서 물고기를 구해 받들었으나 어머니 상을 피하지 못했고 24개월 동안 시묘살이를 했다. 공민왕 때 문과하여 여러 관직을 거쳐 홍청도 도관찰사를 했는데 이 때에 안동마을에 효자비가 세워졌고 그 뒤에 성균관 대사성에 전임되었으나 권간 때문에 벼슬을 내놓았고, 강릉대도호부사로 제수된 것도 나아가지 않았다. 임신변역을 당해 이름을 자수(自粹)로 고치고 두문동에 들어갔으나 불을 지르니 안동고향으로 돌아왔다. 신조에서 헌장으로 불렀으나 나아가지 않고 또 형판으로 부르니 공은 사당에 고하고 아들을 불러 흉구를 지고 따르라 하여 광주 추령에 이르러 '내 죽을 곳이 이곳이다' 하고 '이 고개 옆에 나를 묻고 비석은 세우지 말라' 하고 약을 마시고 운명했다.

8. 송헌공묘(松軒公墓)에서

집안에 내려오는
가르침 아니라도

옳그름 뚜렷하니
그 어찌 망설이랴

맏아우 지키는 곧음
묵정밭의 씨로다

▶ 송헌공묘(松軒公墓) - 경기도 용인시 원삼면 고당리
▶ 4333년 6월 4일(일요일) 맑음

고려말 충신 설풍(薛馮) 송헌(松軒)공의 유택이다.
 공은 형 암곡(巖谷)공을 따라 벼슬에 나아갔었으나 권간들의 날뛰는 모습에 어찌할 수 없음을 알고 물러나 시골로 와 거문고와 책으로 일삼으며 동자들과 더불어 세월을 보냈는데 신조에서 병조참의로 불렀으나 끝내 나아가지 않고 비분강개한 뜻을 시로 남겼었는데 지금 전하는 것은 없다.

9. 숭모정(崇慕亭)에서

글줄로 오른 자리
곧은 말 받지 않아

숨어든 고사부리
일구는 맑은 바람

한 번은 찾는 이 있어
주고받아 읊었다

▶ 숭모정(崇慕亭) - 경기도 용인시 이동면 서리
▶ 4329년 2월 4일(일요일) 흐림

고려 충신 은신윤(殷莘尹) 직제학(直提學)공을 추모하는 곳이다.
 공은 글을 잘하여 성균관박사와 경주부윤을 거쳐 보문각 직제학에 이르렀다. 여말을 당하여 간신들 앞에서 곧은 말을 하나 듣지 않으니 벼슬을 버리고 고부(고사부리)두승산 아래로 숨어 들었다. 임신변역 후 신조에서 여러번 불렀으나 나아가지 않았고, 때로 이목은(李牧隱)이 찾아와 서로 위로하며 글을 주고 받았다.

10. 여와공묘(麗窩公墓)에서

보기도 아주 싫다
등돌려 앉았어라

타는 속 겨우 달래
뜻 하나 말했더니

이러쿵 저러쿵하나
아무래도 좋아라

▶ 여와공묘(麗窩公墓) - 경기도 의왕시 내손동 포일리
▶ 4332년 3월 7일(일요일) 맑음

고려말 충신 서견(徐甄) 여와(麗窩)공 유택이다.
　공은 벼슬이 장령이었는데 조준, 정도전, 남은 등을 탄핵하다 도리어 귀양을 갔다가 고려 운이 다하니 금천으로 숨어들어 종신토록 한양을 대하지 않고, 울분을 7언절구로 하나 읊어놨더니 신조에서 죄를 주려는 의론들이 분분했다.

11. 의덕사(懿德祠)에서

구름에 바위로다
높고도 꿈쩍없이

갈길을 일러주나
쇠귀에 글이어라

호랑일 키웠다더냐
얼마쯤을 버틸까

▶ 의덕사(懿德祠) - 경기도 평택시 장안동
▶ 4331년 10월 11일(일요일) 맑음

고려말 충신 차원부(車原頫) 운암(雲巖)공을 추모하는 곳이다.
공은 간의대부 벼슬을 하면서 목은, 포은공과 더불어 성리학으로 이름났고 더욱 주역에도 조예가 남달랐으며 그림 그리기에도 뛰어나 특히 난초와 매화그림은 보배로왔다. 나라일이 그릇되어감에 눈물을 흘리며 벼슬을 버리고 평산 수운암동으로 숨어들어 호를 운암이라 하고 토담집에 갈자리 깔고 파를 심어 나물을 해 먹고 살았으며 여가에 왕씨, 차씨, 유씨의 대동보를 해주 신광사에가 비로소 만들면서 하윤, 정도전, 함부림, 조영규 등은 차씨처가 낳은 서출들임을 족보에 적어넣었다. 이성계부자에게 나라에 충성하라 일러줬고, 임신변역 후 부름에 응하지 않다가 포의로 서울에 가 난시에는 공이 있는 이에게 대를 잇게하는 법임도 일러주고 내려오다 마중나온 81명의 차씨 일가사람들과 함께 몰살당했다.

충청도 ▪ 강원도 편

1. 경모정(敬慕亭)에서 ▪ 34
2. 경충정(景忠亭)에서 ▪ 36
3. 기곡정(岐谷亭)에서 ▪ 38
4. 망모정(望慕亭)에서 ▪ 40
5. 묵정정(墨井亭)에서 ▪ 42
6. 부양정(扶陽亭)에서 ▪ 44
7. 상산정(常山亭)에서 ▪ 46
8. 송오공묘(松塢公墓)에서 ▪ 48
9. 어은정(漁隱亭)에서 ▪ 50
10. 오류정(五柳亭)에서 ▪ 52
11. 취원정(聚遠亭)에서 ▪ 54

1. 경모정(敬慕亭)에서

솔뫼로 닫는 마음
오르는 까투리꿩

저기서 찾아온 이
혀 물어 물리치고

한 그루 오리발나무
아들들과 키운다

▶ 경모정(敬慕亭) - 강원도 횡성군 횡성읍 정암리
▶ 4328년 11월 5일(일요일) 맑음

고려말 충신 이반계(李攀桂) 송헌(松軒)공을 추모하는 곳이다.
공은 벼슬이 예부상서에 이르렀으나 임신변역을 당해 원운곡(元耘谷)과 더불어 원주 치악산으로 숨어들었는데 신조에서 병조판서와 우의정으로 여러번 불렀으나 매번 물리치고 나아가지 않으니 끝내 왕이 직접 찾아오게 된다. 그러나, 약을 마시고 혀를 끊어 말을 못하고 누워있으니 그 절개를 가상히 여겨 경원군(慶原君)으로 봉해 주었다. 이로부터 본관이 경주에서 원주(原州)이씨로 새로 시작되었다. 살고 있는 마을에 아들들과 더불어 압각수(오리발나무)를 심고 얼마 후 '말도 못하고 손으로 글씨도 쓰지 못하게 되어 살아서 무엇하랴' 하고 밥을 물리친 지 일주일 만에 돌아갔다.

2. 경충정(景忠亭)에서

커다란 마음으로
달리는 길이로다

다섯이 몇이라도
끄떡할 일이랴만

자라는 아이들 앞에
가벼울 수 없어라

▶ 경충정(景忠亭) - 충남 예산군 응봉면 지석리
▶ 4330년 9월 28일(일요일) 맑음

고려말 충신 도응(都膺) 노은(魯隱) 공을 추모하는 곳이다.
공은 벼슬이 찬성사에 이르렀으나 무고를 당해 우상공의 도움으로 죽음을 면했다. 향리로 돌아와 세상을 끊고 살았다. 임신변역 후 신조에서 전의시소감, 홍성위 좌령장군, 용무위 좌령장군, 호용순위사간 대장군, 사빙감정 등 무릇 다섯 번 불렀으나 다 나아가지 않고 강상을 지켰다. 초명 유(兪)를 응(膺)으로 고치고 식구들을 데리고 홍주 노은동으로 숨었다. 유계를 남겨 벼슬살지 말라했고 비석도 세우지 말라고 했다. 넷째 며느리가 남편이 죽자 대나무 숲에 가 우니 갑자기 흰대 세 떨가가 솟아나왔다 하여 정려를 받았다.

3. 기곡정(岐谷亭)에서

갈래골 빛이로다
해와 달 견주리라

오른팔 없이라도
두 그루 나무심어

옛 서울 바라보라고
다시 한번 이른다

▶ 기곡정(岐谷亭) - 충남 연기군 동면 용호리
▶ 4330년 8월 17일(일요일) 맑음

고려말 충신 임난수(林蘭秀) 전서(典書) 공을 추모하는 곳이다.
공은 낭장, 호군, 우윤 등을 거쳐 공조전서의 벼슬을 했는데 일찍이 최영 장군이 탐라정벌 때에 부장으로 따라가 큰 공을 세웠고 여러 차례 왜구들과 접전에서 오른 팔을 잃었다. 임신변역에 의를 지켜 공주 3강(갈래골) 위로 숨어 살다 마쳤다.
지금 남면 양화리 전월산 위에는 고려를 그리워하던 유적들로 부왕봉, 상려암, 용정 등이 남아 있고, 옛 집터에는 그가 심은 은행나무가 두 그루 남아 있어 우람한 모습이 보는 이로 하여금 옷깃을 여미게 한다.

4. 망모정(望慕亭)에서

쟁기로 소나 몰면
뉘라서 알랴마는

저 바다 깊이 들어
몇 온 해 뛰어넘자

떠나며 남긴 한 마디
등에 업은 거북이

▶ 망모정(望慕亭) - 충남 홍성군 구항면 내현리
▶ 4329년 12월 1일(일요일) 눈 뒤 맑음

고려말 충신 전귀생(全貴生) 뇌은(耒隱) 공을 추모하는 곳이다.
공은 벼슬이 삼사좌윤밀직제학에 이르렀으나 고려말에 당하여 국사가 날로 기울어져가니 집안 사람들을 시골로 내려보내고 임신변역에 그 뜻을 말하기를 '깊이 산에 들어 밭갈면 뉘 알아보랴' 하며 두문동에 들어갔다가 다시 서해 절도로 들어갔는데, 벽란도를 건너며 채다의, 박전서공과 주고 받은 시가 전하며 그 후 다시는 나오지 않았으니 그 뒤를 알 수 없으나 전하는 말에 홍주 해도에 전횡사가 있는데 공의 시를 걸어 놨었다 한다. 아, 바다에 들어 자취를 감춘 충절, 정말 보기 드문 충절이 아니겠는가.
지금 구산사(龜山祠)에는 야은, 뇌은, 경은 세칭 전씨 3은(三隱)이란 삼형제의 위패를 모시고 있다.

5. 묵정정(墨井亭)에서

머구미 바람 맑다
깨끗이 숨으리라

여섯에 꼽히지만
마한뫼 깊이 들어

타는 속 붓끝에 적셔
휘두르며 삭힌다

▶ 묵정정(墨井亭) - 충북 청원군 낭성면 관정리
▶ 4330년 6월 1일(일요일) 한때 비

고려말 충신 신덕린(申德鄰) 순은(醇隱) 공을 추모하는 곳이다.
공은 벼슬이 예의판서 겸 보문각제학에 이르렀고, 특히 붓글씨로 예서, 초서가 아주 뛰어났다. 붓글씨 쓰는 먹물로 우물물이 까맣게 보일 정도라 하여 먹우물(머구미)이라 불리는 마을 이름이 생겼다. 임신변역에 사돈 김충한(金冲漢) 공과 같이 두류산(마한뫼)으로 숨어, 아들 호촌(壺村) 등 3인이 함께 절의를 지켰다. 공은 또한 목은, 포은, 야은, 도은, 교은 제공과 더불어 6은(六隱)으로도 일컬어진다.

6. 부양정(扶陽亭)에서

물러나 지켜보리
떨리는 입술이다

아들들 불러놓고
마지막 이른 말은

하늘이 귀담았다가
하나하나 챙기리

▶ 부양정(扶陽亭) - 충남 부여군 부여읍 중정리
▶ 4331년 2월 1일(일요일) 맑음

고려말 충신 김거익(金居翼) 퇴암(退庵) 공을 추모하는 곳이다.
공은 벼슬이 정당문학에 이르렀으나 아버지의 화로 인해 벼슬에 뜻이 없어지고 위화도 회군 뒤엔 정치가 더욱 어지러워지니 벼슬을 버리고 물러났다가 임신변역에는 식구를 거느리고 부여로 숨어들었다.
신조에서 우의정을 주고 불렀으나 나가지 않았으며 임종에 유언하여 묘도에 신조에서 내린 직함을 쓰지 말라고 했다. 그런데, 강제로 쓰게 하여 세워진 비석이 갑자기 마른 하늘에서 벼락소리가 나더니 비가 깨졌다. 사람들이 놀라 강한 충절에 하늘이 감동함이라 했다. 아들 4형제는 모두 벼슬을 버리고 아비지 뜻을 따랐다.

7. 상산정(常山亭)에서

밖으로 내몰더니
마침내 저질렀네

사흘을 울었더냐
쉰 목을 어이하랴

갈음에 줄을 골라서
거문고로 말하리

충청도 · 강원도편 · 47

▶ 상산정(常山亭) - 충북 진천군 덕산면 두촌리
▶ 4331년 7월 5일(일요일) 맑음

고려말 충신 송광보(宋匡輔) 죽계(竹溪) 공을 추모하는 곳이다.
 공은 벼슬이 예부상서에 이르렀으나 정포은 피화시에 안성군사로 나갔다가 고려의 운이 다하니 송경을 바라보고 3일을 통곡하고 벼슬을 버리고 진천으로 숨어들어 거문고와 책으로 나날을 보냈다. 신조에서 여러 번 불렀으나 나가지 않고 또 부르면 황해에 빠져 죽을 것이라 했고 세상을 다할 때까지 한양길을 밟지 않았다.

8. 송오공묘(松塢公墓)에서

솔언덕 이름하고
달리는 외곬이라

무슨 일 어디서나
푸르른 맑은 바람

오늘도 되새겨보는
할아버지 큰 기침

▶ 송오공묘(松塢公墓) - 충남 연기군 전동면 청람리
▶ 4332년 2월 7일(일요일) 맑음

고려말 충신 김승로(金承露) 송오(松塢) 공의 유택이다.

공은 강릉 김씨로 공신 집안에서 태어나 어려서부터 남달랐으며 3형제가 함께 태학에 들어가 목은, 포은의 사랑을 받고 선생의 놀라움을 샀다.

벼슬은 안으로는 헌사와 형부에 있었고 밖으로는 주현에 나가 크게 치적을 보여 다들 크게 쓰일 것을 믿었는데 여말을 당해 정치가 어지러워져 벼슬을 버리고 책을 벗삼았는데 임신변역을 만나니 통곡한 후 고향으로 돌아갔다. 신조에서 불렀으나 끝내 듣지 않고 소나무 언덕(松塢)이라 호하고 절개를 지켰다.

9. 어은정(漁隱亭)에서

물고기 낚으면서
숨어서 살리로다

나물은 뜯어다가
어버이 받드나니

말없이 아들들에게
보여주는 뜻이다

▶ 어은정(漁隱亭) - 충남 홍성군 금마면 송암리
▶ 4329년 1월 7일(일요일) 흐림

고려말 충신 복위룡(卜渭龍) 어은(漁隱) 공을 추모하는 곳이다.
공은 벼슬이 사온서직장이었으나 임신변역에 울분 통곡하며 홍주 여수동으로 숨어들었다. 신조에서 불렀으나 끝내 물리치고, 나물을 캐기도 하고 물고기를 낚기도 하며 부모님 봉양으로 즐거움을 삼았다. 아들도 아버지 뜻을 따라 모든 벼슬을 버리고 물러나 아버지를 극진히 모심에, 없던 샘물이 솟아나 시묘살이에 도움이 되었다 하여 그 샘물을 효자천이라 했고, 이로써 정려를 받았다.

10. 오류정(五柳亭)에서

버들골 숨어들어
일으킨 맑은바람

아들의 아들 아들
몇 온 헬 잇노라면

적어도 부끄럼 없이
할아버질 뵈리라

▶ 오류정(五柳亭) - 충남 예산군 광시면 광시리
▶ 4328년 9월 17일(일요일) 맑음

고려말 충신 박유(朴愈) 유은(柳隱) 공을 추모하는 곳이다.
공은 문과에 합격하여 처음에 한림이 되었다가 남평감무로 나갔었는데 임신변역을 만나 벼슬을 버리고 대흥 오류동으로 숨어 들어 처음 이름 유(悠)를 유(愈)로 고치고 집을 하나 짓고 유은(柳隱)이라 하여 맑은 절개를 나타냈다. 자손에게 훈계를 남겨 몇대 동안은 과거를 보지 말고, 내 장사는 간략히 하라 했으니 그곳을 지금도 한림동이라 한다. 며느리는 효부로 정려를 받아 마을 이름이 효부촌이라 하며, 손자 증손자들이 모두 나라에서 불렀으나 벼슬에 나아가지 않았다.

11. 취원정(聚遠亭)에서

버리고 돌아와서
마음에 능을 두고

그 유무 기다리며
나달을 손꼽나니

온에다 열에 하나로
지켜보는 뜻이다

▶ 취원정(聚遠亭) - 충북 옥천군 동이면 적하리
▶ 4329년 6월 2일(일요일) 맑음

고려말 충신 전숙(全淑) 판서(判書) 공이 지내던 곳인데 지금은 터만 남아 있다.
공은 여흥왕때 벼슬이 판도판서에 이르렀고, 관성군에 봉해졌으나 여말을 당하여 나라가 어지러우니 벼슬을 버리고 문선동 함박산으로 숨어들었다. 임신변역을 만나 더 깊이 이남강 위로 들어가 초옥을 짓고 세상과 인연을 끊고 지냈다. 이따금 송경을 바라보고 탄식을 하고 눈물을 흘리며 30여년을 살다 111살에 돌아가니 공이 살던 곳을 기사천(棄仕川)이라고 지금까지 전한다.

경상도편

1. 개운정(開雲亭)에서 ▪ 58
2. 건계정(建溪亭)에서 ▪ 60
3. 경모정(景慕亭)에서 ▪ 62
4. 경의정(景義亭)에서 ▪ 64
5. 대흥군묘(大興君墓)에서 ▪ 66
6. 도연서원(道淵書院)에서 ▪ 68
7. 모선정(慕先亭)에서 ▪ 70
8. 무우정(舞雩亭)에서 ▪ 72
9. 백송정(白松亭)에서 ▪ 74
10. 산천재(山泉齋)에서 ▪ 76
11. 성인정(成仁亭)에서 ▪ 78
12. 수일정(隨日亭)에서 ▪ 80
13. 숭의재(崇義齋)에서 ▪ 82
14. 영모정(永慕亭)에서 ▪ 84
15. 직산재(直山齋)에서 ▪ 86
16. 첨모재(瞻慕齋)에서 ▪ 88
17. 청금정(淸襟亭)에서 ▪ 90
18. 퇴은정(退隱亭)에서 ▪ 92
19. 학음정(鶴陰亭)에서 ▪ 94
20. 화암서원(華嚴書院)에서 ▪ 96
21. 효사정(孝思亭)에서 ▪ 98

1. 개운정(開雲亭)에서

구름이 열리느냐
볕바른 높은 언덕

이저쪽 달려보던
맏아우 힘을 살려

끝까지 막아보련다
감바리와 갈개꾼

▶ 개운정(開雲亭) - 경북 상주시 개운동
▶ 4331년 8월 23일(일요일) 비

고려말 충신 김선치(金先致) 낙성군(洛城君)을 추모하는 곳이다.
낙성군은 문무를 겸해 공민왕 때 홍건적 평정에 공을 세워 일등공신에 봉해졌고, 전리판서에 올랐고 동북면 순문사, 계림부윤, 동지밀직, 전라도 도순문사를 거치면서 군호를 받아 형 상락군, 상산군과 더불어 3원수형제로 이름났다.
임신변역에 두문동에 들어갔다가 다시 상주 산양현으로 숨어드니 신조에서 여러번 불렀으나 나오지 않고 낙동강에서 낚시도 하며 높은 절개를 지켜갔다.

2. 건계정(建溪亭)에서

시냇가 세운 다락
옛날을 생각한다

숨어든 할아버지
깨끗한 그 뜻들을

저렇게 고스란히들
떠받드는 추녀끝

▶ 건계정(建溪亭) - 경남 거창군 거창읍 상림리
▶ 4328년 4월 2일(일요일) 맑음

고려말 충신 장대장(章大莊) 둔와(遯窩)공을 추모하는 곳이다.

공은 부정(副正)벼슬에 이르렀으나 고려의 운이 다하자 고향으로 숨어들어 두 임금을 섬기지 않겠다는 절의를 보여 호를 둔와(숨어 산다는 뜻)라 짓고 세상과 인연을 끊고 살았으며 그 후손들도 그 뜻을 이어서 벼슬에 나아가지 않고 살았다.

그 뒤에 후손들이 모여 이 아림(거창)은 우리 조상이 봉해받은 땅인데 세월이 오래되어 그 자취가 없어져가니 우리 자손의 도리가 아니라 하고 군 서쪽 개울가에 나아가 정자를 짓고 조상들을 추모하게 되었다.

3. 경모정(景慕亭)에서

바다로 숨었다가
또 다시 깊은 골로

그리움 어찌하랴
솔뫼를 그려 걸고

바르게 살려는 사람
찾아들 날 기다려

▶ 경모정(景慕亭) - 경남 의령군 대의면 신전리
▶ 4330년 2월 2일(일요일) 맑음

고려말 충신 옥사온(玉斯瘟) 정은(正隱)공을 추모하는 곳이다.
공은 벼슬이 진현관제학에 이르렀는데 고려 운이 끝나니 벼슬을 버리고 가족을 이끌고 거제도로 들어가 호를 해은(海隱)이라 하고 나오지 않았다. 신조에서 여러 번 불렀으나 나가지 않고 다시 옮겨 의령 정골리로 숨어들어 야은, 호은, 모은 등과 왕래하며 시를 주고 받았으며, 벽에 송악도를 그려 걸어놓고 아침 저녁으로 슬피 울기도 하였다.

4. 경의정(景義亭)에서

크고도 올바른 길
어디에 있는거냐

세 아들 불러모아
마지막 일러놓고

깊숙이 솔뫼에 들어
지켜가는 푸르름

▶ 경의정(景義亭) - 경북 청송군 파천면 덕천리
▶ 4329년 7월 7일(일요일) 맑음

고려말 충신 심원부(沈元符) 악은(岳隱)공을 추모하는 곳이다.
 공은 어려서부터 남달라 아이들이 거울에 비치는 해를 보고 하늘에 해가 둘이라고 하자 공은 해는 둘이 있을 수 없다 일러 줬고 학교에서 역사를 읽을 때 왕촉(王蠋)이야기에 이르르면 책을 덮고 탄식하기를 '제나라에 이런 신하가 있었는데 어찌 나라가 망할 수 있었는가' 했다. 간성왕 때 벼슬이 전리판서에 이르렀으나 권간들의 농정에 벼슬을 버리고 집에 물러났다가 임신변역에 두문동으로 들어가며 자식들에 말하기를 '나를 따라 숨지 말고 내 산에 든 날로 죽은 날을 삼아 3년상을 치른 뒤에는 책이나 읽으며 농사나 힘써 부귀를 탐하지 말라' 했다. 그 형 덕부(德符)와는 길을 달리했으니 그 크고 우뚝한 모습, 후대에 드리움이 끝없도다.

5. 대흥군묘(大興君墓)에서

크리라 남다르게
바른 길 가리로다

말고삐 잡아채며
말리다 귀양가니

뿌리 땅 새로 옮기고
기다리는 새론 날

▶ 대흥군묘(大興君墓) - 경북 의성군 다인면 송호리
▶ 4333년 3월 5일(일요일) 맑음

고려말 충신 이연계(李連桂) 대흥군(大興君) 공의 유택이다.

공은 벼슬이 예문관제학으로 특히 최영장군과 서로 나라를 크게 같이 걱정하던 사이였고 이성계와 육촌간으로서 임신변역을 말리는데 힘쓰다 양양(예천)으로 귀양을 갔고 그 후 풀려나 대흥군에 봉해짐으로써 전주에서 관향을 갈라서 오늘의 대흥이씨의 시조로 불리게 되었다.

공은 다인 옛 고을에서 숨어 살며 유언하기를 전주이씨라 하지 말고 지문과 묘갈도 쓰지 말라 하였다.

6. 도연서원(道淵書院)에서

곧은 말 하다보니
오게된 땅끝인데

더구나 잔나비해
그래도 되는거냐

타는 속 두어 사람과
오며가며 달랜다

▶ 도연서원(道淵書院) - 경남 고성군 마암면 도전리
▶ 4332년 4월 11일(일요일) 맑음

고려말 충신 허기(許麒) 호은(湖隱)공을 추모하는 곳이다.
공은 공민왕 때 홍건적 난리에 큰 공이 있어 공훈을 받았고 익위장군 보승중랑장이 되었다. 국사가 날로 그릇되어가니 임금에게 어려움을 무릅쓰고 간하였으니 이석탄공을 구하려고 상소하다 고성 바닷가로 귀양을 갔고 임신변역을 당하니 다시 탄식을 마지않았다. 신조에서 여러 번 불렀으나 망복의 뜻을 굳게 하며 바다 위쪽 바윗가에 집을 짓고 책을 쌓아놓고 물고기나 새들과 사귀면서 고려의 망함을 속상해하며 가끔 야은공을 만나러 금오산에도 가고 목은공과 편지나 시를 주고받았다.

7. 모선정(慕先亭)에서

우러러 한결같은
옛님의 생각이라

다섯 번 물리치고
소나무 가꾸면서

이 얼굴 그려놓은 뜻
네 아들은 알리라

▶ 모선정(慕先亭) - 경남 밀양군 초동면 신호리
▶ 4329년 10월 6일(일요일) 맑음

고려말 충신 박익(朴翊) 송은(松隱)공을 추모하는 곳이다.
공은 공민조에 등제하여 한림문학 예부시랑을 거쳐 세자이부 겸 중서령이 되었고, 가끔 외직으로 나갔으며 간성왕 때에 여러번 왜 및 변방도적들을 싸워 물리치는데 공이 많았다. 고려 운이 다하자 아우 천경(天卿)과 더불어 고향으로 숨어들어 송은이라 호하며 회포를 시로 달래며 지냈다. 신조에서 공·형·예·이조판서로 불렀으나 그 때마다 물리쳤고, 마지막엔 좌의정으로 불렀으나 끝내 물리쳤다. 솔을 심어 옛 서울을 생각하는 시내이름으로 삼고, 그리고 호로도 썼으며 산이름을 기(箕)로 붙여 옛 중국 소부와 허유의 숨은 자취를 취한 것이다. 생전에 화상을 그려놨으니 변계량, 길재의 찬이 남아있고, 지금 영정각에 모셔져 있다. 네 아들에 유서를 남겨 묘제가 고려제로 방분으로 전해온다.

8. 무우정(舞雩亭)에서

물소리 바람소리
이름난 옛터로다

다락에 어린 안개
만나는 할아버지

그림 속 이르신 말씀
엎어보는 긴 가락

▶ 무우정(舞雩亭) - 경북 상주시 사벌면 삼덕리
▶ 4330년 4월 6일(일요일) 흐리고 비

고려말 충신 채귀하(蔡貴河) 다의당(多義堂)공의 8대손 우담(雩潭)공이 낙동강 물이 가장 좋은 옛 조상의 터에 세워 선대의 절의의 뜻을 추모하던 곳이다.

다의당공은 벼슬이 호조전서에 이르렀는데 포은공의 선죽교 일을 보고 가족을 시골로 내려 보내고 임신변역을 당해 동지들과 벽란도를 건너 시로써 작별하고 평산 모란산 밑 다의동에 숨었다. 마을 이름의 유래가 이로부터였고, 송경을 바라보며 또는 채미도를 걸어놓고 시를 읊기도 했다.

9. 백송정(白松亭)에서

갈대골 어드매냐
삿갓에 도롱이라

꺾여진 아쉬움은
먼 뒤로 접어두고

솔 하나 가꿔가면서
그 빛으로 말하리

▶ 백송정(白松亭) - 경북 예천군 호명면 백송리
▶ 4330년 11월 2일(일요일) 맑음

고려말 충신 안준(安俊) 노포(蘆浦)공을 추모하는 곳이다.
 공은 포은 문하에서 수학하고 벼슬이 남양부사를 거쳐 충청·전라·경상 3도 체찰사도 했고 연안부사에 이어 들어와 봉상시판사를 하다 정포은 피화에 의령으로 귀양을 갔고 임신변역 후 신조에서의 회유를 뿌리치고 스스로 예천군 노포촌(갈대골)에 숨어살며 호를 삼고 도롱이 삿갓으로 몸을 숨기고 살았다. 임종에 유언하기를 내 왕씨의 신하로 종사를 지키지 못했으니 부장도 하지 말고 묘갈도 세우지 말라 하였다.
 묘는 백송리(흰솔마을) 건지산에 있다.

10. 산천재(山泉齋)에서

보내는 달이로다
허수함 삼키면서

비춰던 즈믄 가람
지키는 맑음이라

아들에 일러주나니
어두운 밤 슬기를

▶ 산천재(山泉齋) - 경북 김천시 아포읍 예동
▶ 4333년 11월 5일(일요일) 맑음

고려말 충신 이사경(李恩敬) 송월당(送月堂)공을 추모하는 곳이다.

공은 벼슬이 판사재감사에 이르렀으나 간신들의 농간으로 나라가 어지러워지자 다섯 아들을 이끌고 멀리 감문아포에 숨어들었다.

두어칸 집을 짓고 공민왕 진영을 모셔놓고 아침저녁으로 절을 올리며 이 목은에 부택해 택호를 송월당(送月堂)이라 받아왔다. 즈믄 가람에 비치는 달과 같이 모든 사람들에게 그 꼿꼿한 마음을 비춰주는 사람이라는 깊은 뜻을 지닌 말이다. 치악산 변혁사에도 참여하고 9정(貞)의 한 분이다. 집 앞 연못에 연꽃과 버드나무를 심어놓고 세상을 깨끗이 살아 세상풍속을 밝히는 데 힘썼다.

11. 성인정(成仁亭)에서

깊은 골 숨어들어
지키는 마음 하나

대나무 잣나무로
마을을 가꿔가니

새로운 맑은 바람이
마련하는 먼 앞날

▶ 성인정(成仁亭) - 경북 성주군 수륜면 수륜리
▶ 4328년 5월 7일(일요일) 맑음

고려말 충신 박가권(朴可權) 판윤(判尹)공을 추모하는 곳이다.
 공은 어려서부터 뜻이 높고 학문이 도타웠으며, 충신효자의 이야기를 읽고 공경해 말하기를 '사람의 신하된 자 마땅히 이와 같아야 된다'고 했고 벼슬에 올라 여러 좋은 자리를 거쳐 개성 판윤 벼슬을 하다가 고려 운이 다하니 두문동에 들어갔다가 얼마 후 성주 가야산으로 숨어들어 초막을 짓고 대나무 잣나무를 심고 죽백(竹栢)이라 부르며 마을 이름을 수륜(修倫)이라 하여 사람의 도리를 닦는 것을 힘썼는데, 신조에서 정경(正卿)으로 여러 번 불렀으나 끝내 나아가지 않고 유명으로 묘갈에도 고려벼슬을 쓰라 하였으니 지금도 그 묘갈이 그대로 묘 앞에 서 있다.

12. 수일정(隨日亭)에서

샛바다 배띄워라
붉은 해 임자로다

말로만 되뇌더니
마련한 오늘인가

이 뒤론 들리는 유무
저 쪽보다 밝으리

▶ 수일정(隨日亭) - 경북 상주시 낙동면 낙동리
▶ 4330년 1월 5일(일요일) 눈

고려말 충신 김제(金濟) 백암(白巖)공을 추모하는 곳이다.

공은 11살 때 8살의 아우 농암공과 나눈 시구(詩句)가 있으며 간성왕 때 지평해군사가 되어 있었는데 임신변역을 당해 처자와 결별하고 동해(샛바다)로 나가 배에 올라 아전에게 시 한 수를 지어주고, '옛날 중국에서도 이러한 때 동해로 들어 절개를 지킨 사람이 있는데, 내 이제 500년만의 한 사람으로 그를 물어 만나보련다' 하고 떠나가 종적을 알지 못하게 되었다. 그 언덕 뒷산을 백암산이라 하고, 그 아래 바위를 태수암이라 한다. 어느 가을 홀연히 불빛이 바퀴만 한 것이 안동 쌍절사로부터 사당 뒤 고주봉에 이르러 곧바로 동북쪽으로 뻗쳐갔다. 이에 왕명으로 평해 바닷가에서 제사를 지내려는데 찬막위로 무지개가 나더니만 그날 밤에는 비바람이 크게 일고 파도가 슬피울며 검은 구름이 바다를 뒤덮고 번개가 요란하니 사람들이 다 놀랐다고 한다.

13. 숭의재(崇義齋)에서

하늘의 별도 보며
그 때는 하였지만

망나니 틈에 끼랴
머얼리 숨었어라

아들의 그 아들 아들
따라오리 모두 다

▶ 숭의재(崇義齋) - 경북 의성군 의성읍 도동리
▶ 4332년 6월 13일(일요일) 맑음

고려말 충신 장보지(張輔之) 일은(一隱)공을 추모하는 곳이다.
공은 벼슬이 이조전서 서운관 판사로 승평군에 봉해졌으나 간신들의 농간으로 뜻을 펴지 못하니 벼슬을 버리고 순천으로 물러나 거문고와 책으로 벗삼다 임신변역을 당하여 신조의 부름을 끝내 마다하고 머리를 풀어헤치고 건달산으로 숨어들었다. 아들 사검(思儉)은 아버지 뜻을 따라 의성으로 숨어들어 호를 이은(二隱)이라 호를 하였고, 손자 비(悲)는 세은(世隱), 헌(憲)은 호가 삼은(三隱)으로 형제가 모두 조부의 뜻을 따라 신조에 벼슬을 하지 않았으므로 한 집안 4은(四隱)이라 일컬어진다.

14. 영모정(永慕亭)에서

바고을 숨어드니
눈꼴신 일 없구나

모래밭 밝은 달이
다가와 속삭이며

먼 뒷날 보여줄 말들
하나 하나 적잔다

▶ 영모정(永慕亭) - 경북 예천군 지보면 소화리
▶ 4328년 6월 4일(일요일) 구름

고려말 충신 현옥량(玄玉亮) 사월(沙月)공을 추모하는 곳이다.

공은 어려서부터 대인의 풍도를 갖고 조송정(趙松亭)공의 사랑을 받아 열심히 공부했고 공민왕 때 문과에 올라 사관을 거쳐 전의시판사에 이르렀으나 여말을 당하여 여흥왕 등 임금들이 내쫓기고 나라가 어지러우니 벼슬을 내던지고 후학들이나 키워야겠다고 마음먹고 시골 바고을(소하리)로 내려와 세상을 잊고 살았으며, 신조에서 예의판서로 여러 번 불렀으나 끝내 거절하고 거문고를 벗삼아 사귀며 달밤이면 강변 모래밭에서 시와 술로 회포를 달래니 고을 이름이 사월(沙月)이라 불리기도 했다. 일부 사적이 예천읍지에 남아있고 묘는 소화리 위봉 건좌(乾坐)의 언덕에 있다.

15. 직산재(直山齋)에서

잣으로 이름하니
돌보다 쇠이리라

안에선 곧은 말로
밖으론 여섯 고을

돌아와 어버이께도
남다르게 지키리

▶ 직산재(直山齋) - 경북 예천군 용문면 직동리
▶ 4331년 12월 6일(일요일) 흐림

고려말 충신 임즐(林鷙) 성은(城隱)공을 추모하는 곳이다.

공은 과거를 좋게 여기지 않았으나 부모님의 권유로 벼슬에 나가 어사를 연이어 하면서 곧다는 소리를 들었고 여섯 고을을 다스림에도 치적이 뚜렷하였다.

영천군사로 있다가 임신변역을 당하자, 바로 벼슬을 던지고 고향으로 돌아오니 신조에서 여러번 불렀으나 끝내 나가지 않았다.

천성이 지극히 효성스러워 아버지 상에 피눈물로 3년 시묘살이를 다하며 아침저녁으로 효경을 읽고, 웃음을 띄지 않았으니 관찰사의 명으로 정려를 받았다.

16. 첨모재(瞻慕齋)에서

이럴 땐 어디라야
붙일까 남은 나달

멀리서 바라보고
한 눈에 잡은 터라

응어리 풀어지리니
기다리자 느긋이

▶ 첨모재(瞻慕齋) - 경북 상주시 화동면 판곡리
▶ 4331년 11월 1일(일요일) 맑음

고려말 충신 김구정(金九鼎) 감무(監務)공을 추모하는 곳이다.
공은 황간 감무 때에 고려 운이 다함에 탄식한 나머지 분연히 망복의 뜻을 품고 고을 북쪽 백화산에 올라 상주 화령을 바라보고 골이 깊음을 좋아해 그 날로 벼슬을 버리고 숨어들어 자취를 감췄다.
현손도 뜻을 구해 숨어 살았고 그 아들은 임란 때 상주를 지키는 의병장으로 싸우다 전사했다.

17. 청금정(淸襟亭)에서

지키는 맑은 마음
낚시로 이어가고

다락에 찾아든 달
거문고 줄에 내려

어두운 하늘을 보며
그려가는 먼 앞날

▶ 청금정(淸襟亭) - 경남 합천군 합천읍 내곡리
▶ 4329년 11월 3일(일요일) 맑음

고려말 충신 이치(李致) 어은(漁隱)공이 지어 살던 곳이다.

공은 10세에 아버지를 여의고 어머니의 엄한 가르침으로 정포은에게 배웠고, 18세에 어머니상을 당했으며 25세에 문과하여 헌납, 집의, 사인을 거쳐 대언, 집현전 학사였다가 간성왕 때에 보문각 직제학 승평백에 봉해졌다. 임신변역에 목숨을 버리려 했으나 조견, 원선 등이 말렸고 같이 두문동으로 들어갔다.

신조에서 여러번 불렀으나 나아가지 않고 이름을 치(致)로 고치고 합천 만대산 서쪽 상상곡 송여현 두암동으로 숨어 앞뒤로 솔을 심고 집을 고쳐 새로 청금정이라 하고 때때로 거문고로 시름을 달랬으며, 낚시질로 세속을 잊으며 살았고, 자손에게 경계해 과거를 보지 말고 가업이나 온전히 하라 했다.

18. 퇴은정(退隱亭)에서

물러나 숨으리라
투구를 내던지고

아홉 골 거둬주나
솔뫼만 바라보며

앞날은 기다림으로
얼마라도 버틴다

▶ 퇴은정(退隱亭) - 경북 영주시 단산면 병산리
▶ 4330년 3월 2일(일요일) 맑음

고려말 충신 이억(李嶷) 퇴은(退隱)공을 추모하는 곳이다.
공은 여흥왕 때 강계원수로서 요동에 들어가 많은 사람을 참하고 돌아와 왕으로부터 금정아 무늬의 비단도 받았고 선비장수란 칭호도 들었다. 그러나 위화도 회군 뒤 상심이 컸었고, 간성왕 말에는 밀직부사가 되었으나 기미를 보고 모든 것을 버리고 자취를 소백산 아래 홍주 곧 부인의 고향으로 숨었다. 신조에서 여러 번 불렀으나 나아가지 않았다. 신왕이 말하기를 '나의 오늘은 오직 그대의 공이었도다' 하고 공신록에 올리고 아홉 고을 공물을 주라 명하니 공은 또한 받지 않고 그대로 쌓아두었고 모두 썩혔다 하여 지금도 그 고을을 구고라 부른다. 공이 매달 초하루와 보름이면 서쪽산 최고봉에 올라 송경을 바라보고 통곡하며 절의를 지키다 돌아가니 그 봉우리를 지금도 국망봉이라 한다.

19. 학음정(鶴陰亭)에서

두루미 우는 그늘
그윽한 뜻이어라

두어 줄 읊었나니
받을 이 있으렸다

느긋이 기다리리라
몇 온 해라 하여도

▶ 학음정(鶴陰亭) - 경남 창녕군 유어면 세진리
▶ 4331년 5월 10일(일요일) 비

고려말 충신 조계방(曺繼芳) 청구당(靑丘堂)공을 추모하는 곳이다.

공은 벼슬이 보문각 직제학에 이르렀는데 공민왕 10년 홍건적 난리에 왕을 호종하였고 공북루 화수시가 남아 있으며 공신록에 올랐다. 여말에 당하여 국사가 날로 그릇되어가니 인끈을 풀어 던지고 창산 옛 고을로 숨어들었고 임신변역에도 굳은 절개를 지켜 신조의 부름에 끝내 응하지 않고 두문동 제현으로 함께 돌아가 의를 지켰다. 자경시 및 퇴거시 2수와 자상시가 전하니 그의 세세한 행적을 알 길은 없으나 그의 높고 깊은 뜻만은 알 수 있게 되었으니 마치 학이 먼 그늘 속에서 우는 소리지만 그 새끼는 알아듣고 화답한다는 격인 것이다.

20. 화암서원(華巖書院)에서

고요한 골에 들어
늙음을 맡겨놓아

어버이 생각만이
남은 일 같다마는

그 사람 오는 날이면
눈물들이 터진다

▶ 화암서원(華巖書院) - 대구광역시 북구 노곡동
▶ 4332년 11월 14일(일요일) 맑음

고려말 충신 백인관(白仁寬) 선정(禪亭)공을 추모하는 곳이다.
공은 천성이 지극히 효성스러웠고 벼슬이 이부전서 집현전 대제학에 이르렀으나 국사가 어지러워지니 벼슬을 버리고 수원 산골로 들어와 어버이를 모시며 효성으로 지냈다. 신조에서 부르니 다시 숨어 선산으로 옮겼다가 또 다시 대구 노로곡(魯老谷)으로 들어갔다. 언덕위에 집을 얽고 선정으로 이름하여 조용히 늙음을 보내겠다는 뜻을 나타냈다. 일찍이 왕상서란 사람이 오면 뒷산에 올라 북쪽을 바라보고 통곡을 했다는데 오늘날 광주의 퇴촌과 퇴주령이 그곳이라 한다.

21. 효사정(孝思亭)에서

어버이 생각하는
한 다락 높았어라

잣나무 대나무로
울삼은 깊은 뜻이

고타야 기름진 골에
뿌려져서 트는 싹

▶ 효사정(孝思亭) - 경북 안동시 와룡면 서지리
▶ 4329년 4월 7일(일요일) 맑음

고려말 충신 배상지(裵尙志) 백죽당(柏竹堂)공을 초무하는 곳이다.
공은 벼슬이 사복시판사에 이르렀으나 나라일이 날로 그릇되어 감에 마음이 상하고 있었는데 하루는 간신이 조정에서 공을 굴복시키려 함에 분연히 벼슬을 버리고 아우와 더불어 영가(고타야) 금계촌으로 물러났다. 임신변역 후에는 벼슬에 뜻을 두지 않고 잣나무 대나무를 심고 집을 백죽당이라 하고 시와 술로써 늙어갔다. 아들 형제들이 어버이를 위해 효사루를 짓고 후손들에게 그 뜻을 이어가게 하고 있다.

전라도편

1. 겸천서원(謙川書院)에서 · 102
2. 계경정(繼敬亭)에서 · 104
3. 금남재(錦南齋)에서 · 106
4. 미남재(嵋南齋)에서 · 108
5. 삼송정(三松亭)에서 · 110
6. 송월사(松月祠)에서 · 112
7. 숭덕정(崇德亭)에서 · 114
8. 숭의정(崇義亭)에서 · 116
9. 시사정(時思亭)에서 · 118
10. 여일정(麗日亭)에서 · 120
11. 영모정(永慕亭)에서 · 122
12. 영모정(永慕亭)에서 · 124
13. 용호정(龍湖亭)에서 · 126
14. 월현사(月峴祠)에서 · 128
15. 일신정(日新亭)에서 · 130
16. 정모정(靖慕亭)에서 · 132
17. 청지정(聽之亭)에서 · 134
18. 풍욕정(風浴亭)에서 · 136
19. 향보재(享保齋)에서 · 138

1. 겸천서원(謙川書院)에서

흙을 져 모신 세 해
다했다 이르리요

맏님과 생각 같아
깨끗이 몸을 지켜

적어도 이름만큼은
살아야들 않겠나

▶ 겸천서원(謙川書院) - 전남 순천시 주암면 죽림리
▶ 4332년 10월 3일(일요일) 맑음

고려말 충신 조유(趙瑜) 건곡(虔谷)공을 추모하는 곳이다.
공은 천성이 효성스러워 어머니상에 3년상 시묘살이를 다했고 그 뒤 아버지상에 어머니를 옮겨 모심에 흙을 직접 져다 봉분을 쌓는 일을 했고 또 계모상에도 한결같이 해 사람들이 감탄했다.
벼슬은 전농시 부정이었으나 임신변역에 순창 건곡으로 숨어들었고 신조의 부름도 끝까지 물리치고 말년에는 순천 부유촌 겸천으로 옮겨 몸을 깨끗이 지켰으니 아버지와 형과 함께 부자 3현으로 이름났다.

2. 계경정(繼敬亭)에서

받들어 이으리라
높은 뜻 아니더냐

세 아우 함께하여
더 깊이 숨어드니

마서울 옛모습으로
다시 만날 꿈이다

▶ 계경정(継敬亭) - 전북 부안군 부안읍 연곡리
▶ 4329년 3월 3일(일요일) 맑음

고려말 충신 김세영(金世英) 소윤(少尹)공을 추모하는 곳이다.
공은 조상들의 뜻을 받들며 벼슬에 올라 한성(마서울) 소윤 때에 고려 운이 다하니 신조에 협력할 뜻이 없어 아우 3인과 더불어 고향으로 돌아와 옛일을 생각하고 강상(綱常)을 지키는 것으로 만족해하며 살았다.

3. 금남재(錦南齋)에서

비단 옷 마다하고
멀리 온 마쪽 언덕

아이들 찾아오면
지난 일 일러주며

못다 한 아쉬운 것들
씨로 뿌려 심는다

▶ 금남재(錦南齋) - 전북 남원시 노암동
▶ 4333년 2월 13일(일요일) 맑음

고려말 충신 오상덕(吳尙德) 두암(杜菴)공을 추모하는 곳이다.
공은 학식이 넓고 높아 대유로써 불리웠고 부모상에 단상을 할 때인데 공만은 3년상에 여묘살이를 극진히 하였다. 학교를 세워 유술(儒術)을 가르치기를 건의도 하고, 벼슬은 봉선대부 소부시 소감이었으나 나라가 어지러워지니 모든 것을 내던지고 유학을 가르치는데에 온힘을 쓰는 것을 자기 책임으로 여기고 학당을 세워 학생을 가르쳤다. 임신변역에 김수은(金樹隱)공과 함께 남원으로 숨어 자취를 감췄다.

4. 미남재(嵋南齋)에서

꿈에서 받은 구슬
이름해 부르면서

맑은 별 살피려니
먹구름 머흘구나

옛노래 눈물에 젖어
목이 메는 거문고

▶ 미남재(嵋南齋) - 전남 순창군 풍산면 유정리
▶ 4332년 9월 12일(일요일) 흐림

고려말 충신 조영(趙瑛) 요재(樂齋)공을 추모하는 곳이다.
공은 어머니의 태몽에 구슬을 든 할머니를 보고 낳았기에 이름을 구슬 영자로 했고, 대인군자의 풍모로 자라 영달을 꿈꾸지 않았는데 여러사람들의 추천을 받아 서운관 부정에 나아갔으나 곧 버리고 물러났고 임신변역에 여러 벼슬로 신조에서 불렀으나 끝내 나가지 않았다. 달밝고 바람 맑은 날이면 집뒤 높은 봉에 올라 거문고로 노래하며 술 한잔으로 슬픔을 달랬으니 후인들이 그 봉우리를 정금봉이라 불렀다.

5. 삼송정(三松亭)에서

세 그루 소나무라
숨어든 뜻이로다

옛땅을 지키던 일
한바탕 꿈이더냐

키우는 한 마리 사슴
나고드는 벗이여

▶ 삼송정(三松亭) - 전북 김제시 상동동
▶ 4328년 12월 3일(일요일) 맑음

고려말 충신 박의중(朴宜中) 정재(貞齋) 공을 추모하는 곳이다.
공은 여러 벼슬을 거쳐 예문관 제학에 이르렀고, 계주서(誡酒書)도 지었고, 명조에 들어가 철령위를 세우지 못하도록 했으며, 간성왕에게 참위설(讖諱說)을 믿지 말라고도 했다. 임신변역 뒤에 벼슬을 내놓고 고향에 돌아오니 신조에서 예를 다해 여러번 불렀으나 나아가지 않았고 집에서 흰사슴 한 마리를 키웠는데 출입할 때 타고도 다녔다. 공이 돌아가니 그 사슴도 슬피 울다 묘앞 다리에 떨어져 죽어서 공의 묘 앞에 묻어주었다. 또 세그루 큰 소나무가 자라 무덤을 호위하는 듯하다 하여 삼송(三松)으로 재실 이름을 붙였다.

6. 송월사(松月祠)에서

우리 셋 한 마음에
불질러 몰아치나

어두운 밤일수록
빛나는 빛이어라

몇 즈믄 언제까지나
밝은 달로 남으리

▶ 송월사(松月祠) - 전남 화순군 화순읍 일심리
▶ 4332년 1월 10일(일요일) 맑음

고려말 충신 임선미(林先味) 두문재(杜門齋) 공을 추모하는 곳이다.

공은 당시에 단상들을 할 때에 3년상을 주장했고, 벼슬은 낭벼슬을 하다가 그만두고 태학에 들어가 있다가 임신변역을 만나니 오정문 밖 산골에 숨어서 두 마음을 먹지 않기를 맹세하고 문을 잠그고 지냈다.

신조에서 과거를 베풀어 새로 등용하고자 했으나 모두들 패랭이로 바꿔쓰고 두문동으로 들어가니 이에 성난 신조에서 불을 질러 버려 모두 타버리니 이에 공은 조의생 맹호성과 함께 희생당하여 세칭 임·조·맹 두문 3절이라 불린다. 오늘날 송월사는 송도의 달이 이곳에 와 비친다는 뜻으로 붙여졌다.

7. 숭덕정(崇德亭)에서

높아라 달이로다
어둠을 밝히리라

만아우 함께하여
마한뫼 깊이 드니

두 아들 그 뜻을 알아
못지않게 지킨다

▶ 숭덕정(崇德亭) - 전북 남원시 대강면 방동리
▶ 4328년 10월 1일(일요일) 흐림

고려말 충신 진우란(晋于蘭) 월당(月堂) 공을 추모하는 곳이다.
공은 문과하여 공민왕때에 한림원, 집현전 학사였는데 임신변역을 당해 두문동에 들었다가 곧 낙향하여 두류산으로 자취를 감추고 초하루 보름이면 높은 곳에 올라 송경을 바라보고 눈물을 흘렸으니 사람들이 그 봉우리를 망경봉이라 한다. 형 여란(如蘭)도 벼슬을 버리고 두류산(마한뫼)으로 숨어들었고, 두 아들도 아버지 뜻을 따라 지당촌과 시전동으로 숨어들어 절개를 지켰다.

8. 숭의정(崇義亭)에서

가야할 길이로다
장끼뫼 이 아니냐

으르고 윽박으며
달래나 어림없네

아서라 다음에라도
우릿소리 들을라

▶ 숭의정(崇義亭) - 전북 장수군 계내면 금덕리
▶ 4330년 12월 7일(일요일) 비

고려말 충신 백장(白莊) 정신재(靜愼齋) 공을 추모하는 곳이다.
공은 벼슬이 이부전서, 보문각 대제학에 이르렀으나 여말을 당하여 조정이 어지러워지니 벼슬을 던지고 처자를 이끌고 치악산으로 숨어들었다. 그뒤 임신변역에 미쳐 신조에서 여러 번 불렀으나 나가지 않으니 해미로 귀양을 보냈다가 다시 풀어주고 또 이조판서, 집현전 대제학으로 불렀는데도 나오지 않으니 또 다시 장수로 귀양을 보냈다. 적소에서 돌아가니 영의정을 증직하였는데 그 날에 갑자기 광풍과 뇌성에 폭우가 쏟아져 사람들이 다 놀랐다.

9. 시사정(時思亭)에서

때마다 생각나는
옛서울 그리워라

마한뫼 올라보면
터지는 울음이니

푸르른 저 가람 물결
더해가는 뜻이다

▶ 시사정(時思亭) - 전북 남원시 주생면 지당리
▶ 4329년 5월 5일(일요일) 맑음

고려말 충신 진여란(晉如蘭) 창남재(昌南齋) 공을 추모하는 곳이다.

공은 부모에 대한 지극한 효도로 이름났고, 벼슬은 진원감무에 그쳤으나 임신변역에 아우 월당공과 같이 지리산인 방장산(마한뫼)으로 숨어들어 매양 송경(松京)을 바라보고 통곡하여 저 앞의 요천에 눈물을 뿌렸다.

10. 여일정(麗日亭)에서

외로운 땅끝이라
바다에 하늘이다

높다란 바람으로
벗하는 다락머리

한 마리 기러기 와서
슬피우는 뜻이여

▶ 여일정(麗日亭) - 전남 여수시 낙포동
▶ 4331년 3월 1일(일요일) 맑음

고려말 충신 공은(孔隱) 고산(孤山)공을 추모하는 곳이다.
공은 벼슬이 문하시랑 평장사에 이르렀으나 이단들의 상소로 예안 의금도로 귀양을 갔다. 풀려나오자마자 고려 운이 다하니 통한을 금할 수 없었는데 신조에서 여러 번 불렀으나 듣지를 아니하니 또 다시 순천으로 귀양을 갔다. 적소 두솔봉 밑에 정자를 짓고 천해(天海)라 이름하고, 차라리 바다에 빠져 죽는 한이 있다 하더라도 절개는 꺾지 않겠다는 높은 뜻과 꼿꼿한 절개를 나타내며 살다 돌아갔다. 그날 외기러기 한 마리가 날아와 슬피 울다 물가에 떨어져 죽으니 오늘의 마을 이름이 생기게 되었다.

11. 영모정(永慕亭)에서

매워라 먹은 마음
우리 열 다짐이라

깨끗이 가다듬어
몇 온 헬 갈지라도

언젠간 멋들어지게
불러야 할 노래다

▶ 영모정(永慕亭) - 전남 나주군 다시면 회진리
▶ 4330년 7월 6일(일요일) 흐리고 비

고려말 충신 임탁(林卓) 금은(錦隱) 공을 추모하는 곳이다.

공은 벼슬이 해남 감무, 해주 감목을 거쳐 내직으로 소윤에 올랐으나 국사가 날로 기우니 벼슬을 버리고 고향에 돌아왔다가 고려 운이 다하니 탄식을 하며 동지들과 더불어 두문동에 들어 갔었고, 치악산 단사에도 참여했었으며 신조에서 여러 번 불렀으나 끝내 마다하고 나주로 돌아와 종신토록 나오지않았다. 공은 조승숙, 이종학 등과 더불어 십열(十烈)로 일컬을 정도로 맵게 절의를 지켰다.

아들 봉(鳳)과 손자 시소(始巢)도 아버지, 할아버지의 절의를 따라 벼슬하지 않고 숨어 살아 3대 충신이라 일컬어진다.

12. 영모정(永慕亭)에서

깊은 골 숨은 띠집
울 높여 귀막인데

이따금 닦는 눈물
앞내에 띄우나니

뉘뉘로 지켜가야 할
마음으로 흐른다

▶ 영모정(永慕亭) - 광주광역시 서구 진월동
▶ 4331년 6월 14일(일요일) 비

고려말 충신 정광(程廣) 건천(巾川)공을 추모하는 곳이다.
공은 벼슬이 전중판시사에 이르렀으나 간성왕 즉위년에 일이 그릇됨을 짐작하고 벼슬을 버리고 고향으로 돌아왔는데 얼마후 임신변역이 생기니 깊이 숨어 나오지 않고 평소의 가졌던 생각들을 글로 많이 남겼다.
공이 살던 마을을 정랑동 또는 정가막동이라 전한다.
자손들에게 경계하는 시가 있는데 '너희들은 여조의 신하이니 어찌 신조를 섬기겠느냐 만약 남의 신하의 도리를 안다면 전왕의 은혜를 잊지말지어다' 했다.

13. 용호정(龍湖亭)에서

미르로 태어나라
터잡은 뜻이로다

장끼뫼 엎드려서
빌고 빈 붓끝 하나

제 모습 바로 알도록
마련하는 먼 뒷날

▶ 용호정(龍湖亭) - 광주광역시 북구 생룡동
▶ 4330년 5월 4일(일요일) 맑음

고려말 충신 범세동(范世東) 복애(伏崖) 공을 추모하는 곳이다.
공은 포은 문인으로 최양(崔瀁) 등과 더불어 문과에 올라 벼슬이 간의대부에 이르렀었고, 원운곡, 서죽송오, 탁죽정 등과 동방사문연원록을 지었다. 임신변역에 두문동이 불타니 고향으로 내려가 신조에서 부르는 것을 끝내 마다하고 나주 복암(伏巖)에 숨어 낚시로 세월을 보내며 때로 치악산 원운곡을 찾아 고려말 역사를 집필하고, 화해사전, 화동인물총기, 북부여기, 가섭원부여기 등을 썼고, 이목은과 일찍이 천부경을 주해하기도 했다.

14. 월현사(月峴祠)에서

달고개 찾았으니
빛으로 머무르리

어두워 갈팡질팡
갈길을 모르는 이

예 와서 가슴을 열면
앞날 밝혀 보이리

▶ 월현사(月峴祠) - 전남 영광군 영광읍 단주리
▶ 4332년 7월 4일(일요일) 흐림

고려말 충신 박침(朴忱) 전서(典書) 공을 추모하는 곳이다.
 공은 벼슬이 호조전서에 이르렀는데 임신변역에 두문동에 들어갔다가 다시 장단으로 물러나 세상을 끊고 살았는데 신조에서 세 번이나 불렀으나 끝내 나가지 않았고 치악산 변혁사에 참여했었고 송악을 바라보고 통곡하다 병이 들어 돌아갔다. 세상에선 9일민의 한 사람으로 일컫는다.

15. 일신정(日新亭)에서

새로운 골에서도
더욱 더 어버이라

범이 와 울어주던
세 해로 다하랴만

옛서울 그리는 마음
무지개로 말하리

▶ 일신정(日新亭) - 광주광역시 북구 일곡동
▶ 4331년 1월 4일(일요일) 맑음

고려말 충신 노준공(盧俊恭) 심계(心溪) 공을 추모하는 곳이다.

공은 어려서부터 효도가 지극해서 뜻과 몸을 받들어드리며 병을 모실 때에는 똥맛을 보기도 하며 손가락을 잘라 피를 입에 떨궈드리기도 했다. 남은 100일 상을 치르는데 공은 3년 상을 지켰고, 시묘살이하며 정성을 다하니 범이 와서 항상 뒤따라 집에서 키우는 개같이 순하게 되었었다고 한다.

여말을 당하여 벼슬에 뜻이 없어 후학들을 키우는데 정성을 쏟았고 고려 운이 다하니 집 뒤에 단을 쌓고 삭망으로 곡하였다고 한다. 신조에서 벼슬로 불렀으나 오히려 서석산으로 숨어들어 세상과 끊고 살다 돌아가니 그 날 무지개가 망배단으로부터 일어나 하늘에 뻗쳤다고 한다.

16. 정모정(靖慕亭)에서

어버이 말씀 따라
인끈을 던지고서

숨어든 모량부리
한뫼는 깊었으니

마음은 앞서니로다
기다리는 새나달

▶ 정모정(靖慕亭) - 전북 고창군 대산면 매산리
▶ 4328년 7월 2일(일요일) 흐린후 비

고려말 충신 김승길(金承吉), 김오행(金五行) 부자를 추모하는 곳이다.

아버지 김승길은 함종현령을 지냈으며 평소에 정포은과 사귀었는데 선죽교일을 당하니 하늘을 우러러 탄식하길 '나라가 위태한데 구하지 못하니 불충이요, 친구가 죽었는데 조상하지 못하니 무슨 면목으로 천지간에 서리요' 하고, 자식에 훈계하기를 '너희들은 또한 내마음으로 너희 마음을 삼으라' 하고 집을 떠나 간 곳을 모르게 되었다. 아들 김오행은 매은이라 호하며 군기시정 벼슬을 내던지고 매산에 숨어 살다 세상을 뜨니 묘가 고창(모량부리) 대산(한뫼)면 매(앞서니)산리 교동 계좌의 언덕에 있다.

17. 청지정(聽之亭)에서

들으려 하려느냐
말없는 말이로다

섬바람 쐬고나니
차라리 어이없어

다문 입 기다리런다
귀뚫리는 날이여

▶ 청지정(聽之亭) - 광주광역시 서구 화정동
▶ 4330년 9월 7일(일요일) 맑음

고려말 충신 정희(鄭熙) 묵은(默隱) 공을 추모하는 곳이다.
공은 포은에게 사사하여 벼슬이 장령, 진현관 직제학, 집의 등을 거치면서 정도전, 남은, 조준 등을 탄핵하다가 정포은이 해를 당한 후 도리어 멀리 귀양을 가게 되었다. 임신변역뒤에 풀려 해도로부터 돌아와 세상과 끊고 살았다. 신조에서 여러가지 회유책을 썼으나 듣지 않고 만년에는 한성 밖 아현리 강언덕에 집을 짓고 묵은이라 호를 하고 세상일을 말하지 않고 조용히 살다 마쳤다. 세상에서 9정(九貞)으로 불리운다.

18. 풍욕정(風浴亭)에서

머얼리 바라보면
눈물에 젖는 언덕

우리 셋 만나는 날
거문곤 울고 만다

마지막 남긴 한 마딘
챙겨보리 먼 뒷날

▶ 풍욕정(風浴亭) - 전북 고창군 해리면 송산리
▶ 4331년 4월 12일(일요일) 비온뒤 갬

고려말 충신 성부(成溥) 미산(眉山)공을 추모하는 곳이다.
공은 벼슬이 형부총랑이었으나 임신변역에 두문동으로 들어갔다가 다시 양주서산으로 숨었는데, 사람들은 송산 조견, 병재 남을진과 더불어 유양 3은(維楊三隱)으로 일컬었으며 셋이서 만나면 거문고로 마음을 주고 받았다고 한다. 신조의 부름에 응하지 않고 집뒤 언덕에 올라 송악을 바라보며 통곡하니 지금도 망원사터가 남아 있어 사람들은 옛 성총랑이 옛 서울을 바라보던 곳이라 일러온다. 자손에 일러 '신조에서 준 벼슬 이름을 쓰지 말라' 하고 서산을 넘어 두문동으로 들어갔다.

19. 향보재(享保齋)에서

말 없이 웃음 없이
모든 것 잊고 살리

하늘도 보지 말고
밤에도 옷 입은 채

허물은 내 다 지리라
뒷날이나 바라며

▶ 향보재(享保齋) - 전북 남원시 송동면 송상리
▶ 4332년 12월 5일(일요일) 맑음

고려말 충신 양우(梁祐) 묵재(默齋) 공을 추모하는 곳이다.
공은 벼슬이 판도판서에 이르렀으나 고려운이 다하자 고향 집으로 물러나왔는데 신조에서 부르나 나가지 않고 남원 교룡산으로 숨어들어 용강거사라 이름하며 낮에는 하늘을 보지 않고 밤에는 옷을 벗지 않고 지냈으며 사람과 만나면 말과 웃음이 없어 사람들이 묵옹이라 불렀고 세상을 버리는 날 밤에 무지개가 하늘에 뻗쳤으며 3일전에는 교룡산에서 우뢰가 울렸었다고 한다.

부록

고려와 중관 선생님 · 홍봉성
축시 · 경우수
축필 · 김낙원
　　　김영기
　　　이원희
　　　정현정
축화 · 임준신
　　　조철식
　　　홍영표
　　　전향아
작품지어진 차례

고려와 중관 선생님

우리의 민족의식이 역사에 뚜렷이 나타난 시기는 왕건 태조의 고려 건국에서부터라고 사가들은 적고 있다.

후삼국 정립(鼎立) 시기에 분출된 강렬한 통일 의욕은 후삼국의 통합에만 있는 것이 아니고 고구려의 옛땅까지를 포함한 명실상부한 구삼국의 영토를 회복하는데 있었다. 고려가 당시 신라의 강역내에서 일어났으면서도 고구려의 후신임을 자처하고 국토회복을 건국이념으로 삼은 것은 영토확장 욕망을 뛰어 넘어 삼국이 동족이라는 민족적 역사의식에 바탕을 둔 것이다.

이러한 의식은 강렬한 투쟁정신으로 이어져 대륙의 강족인 글안과 여진의 침입을 물리쳤고 세계를 제패한 몽고족과의 사십여년 항전 속에서 나라를 보전하여 결국은 몽고의 원제국이 쇠퇴기에 이르렀을 때 공민왕은 이성계 등으로 하여금 요동을 정벌토록 하여 요양을 함락하고 당시 원나라의 수도였던 심양까지도 우리나라의 옛땅이라고 포고하는 등 단일 민족국가로서의 왕성한 자주정신은 고려가 망할 때까지 줄기차게 이어졌다. 문화적으로도 고려는 팔관회 등을 통하여 우리의 전통문화를 지키면서 불교문화를 수용하고 저 멀리 서역과도 무역을 활발히 하면서 발해, 글안, 여진, 일본, 중국, 서역인의 귀화를 환영 포섭하여 민족문화의 구성요소를 풍부히 하였다.

이와같이 고려시대 오백년은 우리의 국토와 민족정신과 문화의 틀을 이룬 시기이다. 그러므로 우리 민족정신의 뿌리를 찾아서 그 맥을 잇고 전통문화의 계승발전에 활동목표를 두고 우리 모임을 지도하시는 중관 선생님께서 고려시대 인물의 유적지를 찾아서 그분들의 행적을 더듬어 보고 그 속에서 우리의 본디 모습을 확인하여 다음

세대로 영원히 이어가도록 노력하시는 것은 당연하다 하겠다. 조선 태조 이성계가 고려의 훈신으로 정권을 찬탈하여 이씨 왕조를 세우면서 신왕조의 정통성 확보와 안정을 도모하기 위하여 고려 구신들에게 벼슬자리를 주면서 회유하려 하였다. 그러나 등부조현괘관입두문동(登不朝峴掛冠入杜門洞)에서 알 수 있는 바와 같이 지조 있는 선비들은 갖은 회유와 억압에도 불구하고 불의와 타협하지 않고 전국의 산간 벽지에 은거하면서 이씨조선의 부도덕성을 규탄하고 고려왕조를 끝까지 지키지 못한 것을 한탄하며 일생을 깨끗이 마쳤다. 이러한 고결한 정신은 사람뿐만 아니라 짐승에까지도 감화가 미치어 많은 일화가 유적지마다 전해지고 있음을 볼 때 아직도 우리의 핏줄에는 그분들의 정신이 면면히 흐르고 있음을 느낄 수 있다.

중관 선생님께서 잊어버려져 가는 육백여년전의 역사를 올바르게 세우고 또 그분들의 꿋꿋한 정신을 시조로 지어 이 책을 펴내신 것은 시조자체가 고려때의 선비들이 중국 한시에 맞서 우리 고유의 순수문학을 세우려는 자각에서 처음 지어지게 되었다는 사실에 그 의의를 두고 있다 하겠다. 우리 겨레의 바른 모습을 찾아서 이를 세계화 할 수 있는 강문화로 발전시키고자 한평생을 노력하여 오신 중관 선생님께서 이렇듯 고려에 대한 애착이 깊으신 것은 비록 천학비재(淺學菲才)한 나로서도 이해가 가는 바다. 다만 우리 한가락모임의 활동이 고려말 충신의 정신영역을 훨씬 뛰어 넘어서 한가락 노래가사처럼 몇 즈믄 이어오는 겨레의 슬기로운 다양한 모습들을 넉넉히 모은 자랑들로 꽉 채워질 날이 빨리 오기를 손꼽아 기다린다.

단기 4334년 4월
두고 홍 봉 성

선생님 시조집에

뿌리를 바로 찾고
우리 얼 바로 세워

누리에 우뚝 서는
겨레를 만드시려

오늘도 흰두루마기
왼고름이 날린다.

　　　　　우인 경우수회원 축시

祝 中觀 崔權興 先生 時調集叢刊

傳統文化金字塔
倍達民族萬歲唱

庚辰菊秋之節 梅軒 金洛元

매헌 김낙원회원 축필

杜門洞大節
時調唱淸高

況中觀先生時調集發刊
庚辰翰侯 金榮基

한신 김영기회원 축필

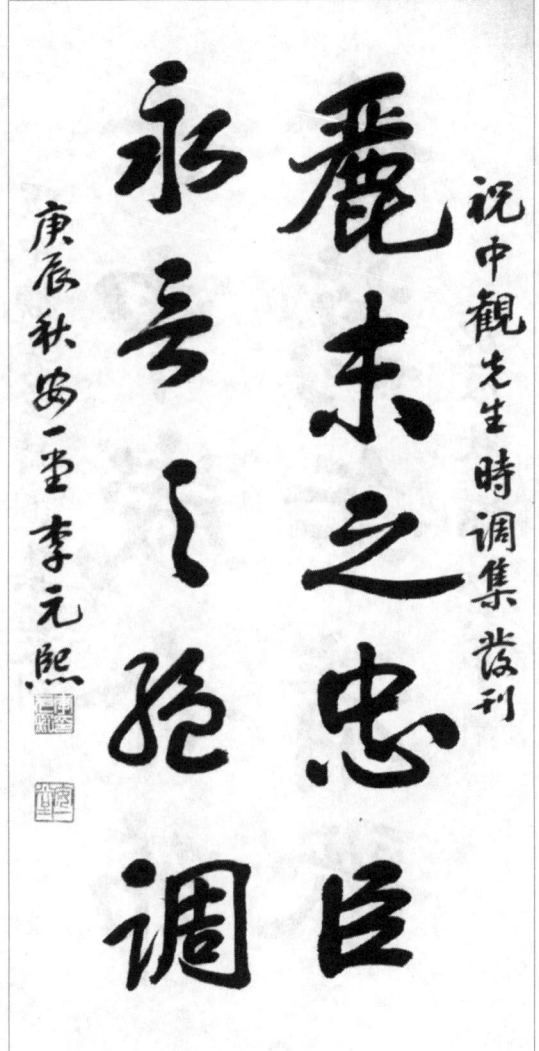

안일당 이원희회원 축필

祝中觀先生時調集叢刊

壬申歲介節
千萬年清歌

庚辰秋 鄭賢亭

현정 정현정회원 축필

설전 임준신회원 축화

서봉 조철식회원 축화

갑고 홍영표회원 축화

노산당 전향아회원 축화

• 작품지어진 차례

차례	작품 이름	지은 날짜	발표된 곳	그 밖에
1	건계정에서	4328년 4월 2일	과천문학 9	경남 거창
2	성인정에서	4328년 5월 7일	과천문학 9	경북 성주
3	영모정에서	4328년 6월 4일	과천문학 9	경북 예천
4	정모정에서	4328년 7월 2일	과천문학 9	전북 고창
5	모송정에서	4328년 8월 20일	과천문학 9	경기 남양주
6	오류정에서	4328년 9월 17일	과천문학 10	충남 예산
7	숭덕정에서	4328년 10월 1일	과천문학 10	전북 남원
8	경모정에서	4328년 11월 5일	과천문학 10	강원 횡성
9	삼송정에서	4328년 12월 3일	과천문학 10	전북 김제
10	어은정에서	4329년 1월 7일	과천문학 10	충남 홍성
11	숭모정에서	4329년 2월 4일	과천문학 10	경기 용인
12	계경정에서	4329년 3월 3일	과천문학 10	전북 무안
13	효사정에서	4329년 4월 7일	96공간시협대표시선	경북 안동
14	시사정에서	4329년 5월 5일	96공간시협대표시선	전북 남원
15	취원정에서	4329년 6월 2일	시조와 비평 24	충북 옥천
16	경의정에서	4329년 7월 7일	과천문학 11	경북 청송
17	구성정에서	4329년 8월 18일	과천문학 11	경기 용인
18	상촌정에서	4329년 9월 8일	과천문학 11	경기 광주
19	모선정에서	4329년 10월 6일	과천시인 대표시선	경남 밀양
20	청금정에서	4329년 11월 3일	과천시인 대표시선	경남 합천
21	망모정에서	4329년 12월 1일	과천시인 대표시선	충남 홍성
22	수일정에서	4330년 1월 5일	과천시인 대표시선	경북 상주
23	경모정에서	4330년 2월 2일	과천시인 대표시선	경남 의령
24	퇴은정에서	4330년 3월 2일	과천이 바다라면 바다에는 해가 뜬다	경북 영주
25	무우정에서	4330년 4월 6일	시조와 비평	경북 상주
26	용호정에서	4330년 5월 4일	과천문학 13	광주 북구
27	묵정정에서	4330년 6월 1일	과천문학 13	충북 청원
28	영모정에서	4330년 7월 6일	과천문학 13	전남 나주
29	기곡정에서	4330년 8월 17일	과천문학 13	충남 연기
30	청지정에서	4330년 9월 7일	과천문학 13	광주 서구
31	경충정에서	4330년 9월 28일	시와 시조와 비평	충남 예산
32	백송정에서	4330년 11월 2일	과천이 바다라면 바다에는 해가 뜬다	경북 예천

차례	작품 이름	지은 날짜	발표된 곳	그 밖에
33	숭의정에서	4330년 12월 7일	과천이 바다라면 바다에는 해가 뜬다	전북 장수
34	일신정에서	4331년 1월 4일	과천이 바다라면 바다에는 해가 뜬다	광주 북구
35	부양정에서	4331년 2월 1일	과천이 바다라면 바다에는 해가 뜬다	충남 부여
36	여일정에서	4331년 3월 1일	과천이 바다라면 바다에는 해가 뜬다	전남 여수
37	풍욕정에서	4331년 4월 12일	과천문학 14	전북 고창
38	학음정에서	4331년 5월 10일	과천문학 14	경남 창녕
39	영모정에서	4331년 6월 14일	과천문학 15	광주 서구
40	상산정에서	4331년 7월 5일	과천문학 15	충북 진천
41	개운정에서	4331년 8월 23일	과천문학 15	경북 상주
42	의덕사에서	4331년 10월 11일	경기문학 24	경기 평택
43	첨모재에서	4331년 11월 1일	과천문학 16	경북 상주
44	직산재에서	4331년 12월 6일	과천문학 16	경북 예천
45	송월사에서	4332년 1월 10일	과천문학 16	전남 화순
46	송오공묘에서	4332년 2월 7일	과천문학 16	충남 연기
47	여와공묘에서	4332년 3월 7일	과천문학 16	경기 의왕
48	도연서원에서	4332년 4월 11일	과천문학 17	경남 고성
49	무안재에서	4332년 5월 2일	과천문학 17	경기 양주
50	숭의재에서	4332년 6월 13일	과천문학 17	경북 의성
51	월현사에서	4332년 7월 4일	과천문학 17	전남 영광
52	남곡재에서	4332년 8월 22일	과천문학 17	경기 용인
53	미남재에서	4332년 9월 12일	새들은 과천에서 울지 않는다	전남 순창
54	겸천서원에서	4332년 10월 3일	새들은 과천에서 울지 않는다	전남 순천
55	화암서원에서	4332년 11월 14일	새들은 과천에서 울지 않는다	대구 북구
56	향보재에서	4332년 12월 5일	새들은 과천에서 울지 않는다	전북 남원
57	금남재에서	4333년 2월 13일	종로문학 1	전북 남원
58	대흥군묘에서	4333년 3월 5일	종로문학 1	경북 의성
59	송헌공묘에서	4333년 6월 4일	과천문학 19	경기 용인
60	모선재에서	4333년 7월 2일	과천문학 19	경기 파주
61	산천재에서	4333년 11월		경북 김천
62	모선재에서	4333년 12월		경기 의정부

책 만드는데 힘쏜 한가락 회원

회　　　장 : 장대열
모 양 내 기 : 홍봉성 · 경우수 · 김낙원
　　　　　　 김영기 · 이원희 · 정현정
　　　　　　 임준신 · 조철식 · 홍영표
　　　　　　 전향아 · 장선숙
글자바로잡기 : 맹치덕 · 최장호 · 정무진
　　　　　　 홍오선
마무리살피기 : 송화엽 · 이우원 · 송상기
　　　　　　 정광복

고려말 충신
예순 두 분이여

2001년 4월 29일 초판발행

지은이 / 최권홍
펴낸이 / 김영환

펴낸곳 / 도서출판 다운샘
등록 / 1993. 8. 26 제17-111호
주소 / 138-857 서울 송파구 오금동 48-8
전화 / (02)4499-172~3 팩스/(02)431-4151

값 7,000원
ISBN 89-86471-39-6 03810

* 잘못된 책은 바꿔 드립니다.